Champion pour maîtriser sa colère

**Catalogage avant publication de Bibliothèque et
Archives nationales du Québec et Bibliothèque et Archives Canada**

Huebner, Dawn

Champion pour maîtriser sa colère : un livre pour les 6-12 ans sur la colère

Traduction de : What to do when your temper flares.

ISBN 978-2-92334-783-7

1. Colère-Ouvrages pour la jeunesse. 2. Maîtrise de soi-Ouvrages pour la jeunesse.
I. Matthews, Bonnie, 1963- . II. Titre.

BF575.A5H8314 2009   j152.4'7   C2009-941812-6

L'ouvrage original a été publié en langue anglaise sous le titre **What to do when your
temper flares. A kid's guide to overcoming problems with anger** par Magination Press.

© 2008 Magination Press (American Psychological Association). L'ouvrage a été traduit et
publié en langue française ave la permission de Magination Press.

© 2008 Bonnie Matthews pour les illustrations.

Directrice éditoriale : Claire Chabot
Traduction : Marie-Noël Laporte
Révision : Céline Vangheluwe
Correction d'épreuves : Danielle Patenaude
Droits et permissions : Barbara Creary
Graphisme de la couverture et infographie : Nancy Jacques

Dépôts légaux : 4e trimestre 2009
Bibliothèque et Archives nationales du Québec
Bibliothèque et Archives Canada

ÉDITIONS ENFANTS QUÉBEC
300, rue Arran
Saint-Lambert (Québec)
J4R 1K5
Canada

Téléphone : 514 875-9612
Télécopieur : 450 672-5448
editions@enfantsquebec.com
www.enfantsquebec.com

Imprimé au Canada

Champion pour maîtriser sa colère

Un livre sur la colère pour les 6 -12 ans

Dawn Huebner,
psychologue clinicienne

Traduction de Marie-Noël Laporte

Illustrations de Bonnie Matthews

Éditions Enfants Québec

Table des matières

Pour vous, les parents

Les feux d'artifice… On a si hâte d'aller les voir chaque année. On retient son souffle dans l'attente du coup sec qui éclate subitement, juste avant l'explosion de lumière. On anticipe le prochain, et l'autre, et celui d'après. Les yeux levés vers le ciel, le corps un peu tendu, on scrute, on attend… puis ça y est : on en a plein la vue !

C'est une chose de regarder les feux d'artifice de son coin de jardin, le cou tendu pour mieux voir, sachant que les explosions et leurs débris fumants resteront au loin. C'en est une autre d'assister, dans sa propre maison, jour après jour, à de telles explosions, d'autant que celles-ci peuvent provoquer des brûlures. C'est pourtant ce que vivent les parents dont l'enfant a un tempérament coléreux.

Si vous lisez ce livre, c'est sans doute que la colère de votre petit amour vous préoccupe. Votre enfant est soupe au lait et se fâche à la moindre provocation ? Son agressivité s'exprime par des coups de poing ou des mots violents ? Vous ne voyez pas comment il parviendra un jour à faire face aux contrariétés, à cesser d'envenimer des situations déjà difficiles et à éviter de se mettre à dos sa famille et ses amis?

Votre inquiétude se comprend. Pour les enfants qui sont prompts à la colère, les choses ne s'arrangeront pas nécessairement avec le temps. Combinés ensemble, le bagage génétique, le tempérament et les habitudes acquises concourent à mettre en place des comportements pouvant mener à un profil d'irascibilité qui peut durer toute la vie. Personne ne souhaite cela à son enfant.

Étouffer la colère de votre enfant pourrait être tentant. Pourtant, ce n'est pas la solution que vous trouverez dans ces pages. Après tout, la colère est une émotion normale et saine. Même si elle n'est pas particulièrement plaisante, la colère agit comme une alarme dans notre corps en présence d'un problème. C'est un carburant qui donne toute l'énergie nécessaire pour affronter l'adversité. Cependant, comme chacun le sait, la colère présente un inconvénient majeur. Elle peut grandir et échapper à notre contrôle très rapidement. Elle peut être mal dirigée ou exprimée d'une façon blessante. En tant que parent, au lieu de condamner les emportements de notre enfant, il serait préférable de lui apprendre à maîtriser sa colère et à l'utiliser de façon constructive plutôt que destructive.

Les enfants ont tendance à ressentir la colère comme quelque chose d'extérieur à eux. Ils n'apprécient pas une parole ou un geste, et BOUM! ils se mettent en colère. Ce livre offre des outils conçus pour apprendre aux enfants colériques à refroidir leurs ardeurs et à mieux réagir quand quelque chose ne fait pas leur affaire.

Les techniques décrites dans cet ouvrage sont basées sur des principes de l'approche cognitivo-comportementale. La partie cognitiviste permettra aux enfants de comprendre et de mieux maîtriser leurs pensées. La partie comportementale leur enseignera une série de techniques constructives. Pour apprendre à gérer la colère, une simple lecture ne peut suffire, il faut passer à l'action. Ce livre part des connaissances, des forces et de la motivation que les enfants possèdent déjà pour que, d'emblée, ils se sentent compétents. Peu à peu, de nouveaux concepts viendront se greffer aux concepts appris. Des séances d'entraînement ont été prévues au programme pour que les enfants assimilent sans difficulté les différentes techniques tout en s'amusant.

Votre implication est essentielle pour aider votre enfant à apprendre et à utiliser les techniques décrites dans ce livre. Prenez le temps de feuilleter ce dernier. Vous serez un guide plus efficace si vous savez où vous allez. Même si votre enfant est en âge de lire, le fait qu'un parent ou un proche l'accompagne dans sa lecture lui sera d'une grande aide. Avec votre enfant, lisez les paragraphes à tour de rôle. Prenez des pauses pour lui permettre de faire les exercices proposés. Évitez toute distraction et faites de ce travail une priorité.

Vous avez certainement très hâte que votre enfant en sache plus sur la colère. Toutefois, résistez à la tentation de lui faire lire ce livre à toute vitesse. Les enfants tireront davantage profit de la lecture de cet ouvrage s'ils ont le temps d'absorber les idées et de mettre en pratique les techniques qui y sont présentées. Donc, lisez lentement, en vous contentant d'un ou deux chapitres à la fois. Entre les séances de lecture, faites souvent allusion aux métaphores contenues dans ce livre et employez les mots que vous et votre enfant avez appris pour que celui-ci puisse les rattacher à ses propres expériences. En vous inspirant du présent ouvrage, ayez recours à l'humour, mais avec douceur, et en prenant toujours le parti de votre enfant. Armez-vous de patience : cela lui demandera beaucoup de temps et de pratique pour se rappeler les nouvelles techniques et pour bien les utiliser.

Pour aider efficacement votre enfant à acquérir les techniques d'arrosage qui constituent le cœur de ce livre, le mieux est de les mettre en pratique vous-même : ces techniques sont aussi pertinentes pour les adultes que pour les enfants. En fait, la vie sera plus facile et plus agréable si tous les membres de votre famille décident d'utiliser ces techniques. Toutefois, si l'un de vous a du mal à garder son calme devant les colères de votre enfant, il serait préférable de demander l'aide d'un professionnel afin de vous guider.

Les enfants (et les adultes) ont à leur disposition tout un éventail de techniques pour maîtriser leur colère : se calmer, garder la tête froide, résoudre les problèmes et, éventuellement, passer à autre chose. Enseigner ces techniques aux enfants s'avère d'une importance capitale. Une bonne maîtrise de soi améliorera leurs relations avec les autres, leurs résultats scolaires et leur humeur. Sans compter que ça les rendra plus heureux ! Cet ouvrage aidera votre enfant à remettre ses feux d'artifice à leur place, c'est-à-dire dehors, dans le ciel étoilé, où ils pourront éclater de mille feux multicolores.

Derrière le volant

As-tu déjà conduit une auto ?

Si ta réponse est «oui», tu dois faire référence à la fois où tu as conduit une auto tamponneuse dans un parc d'attractions, ou une voiturette électrique dans ta cour, ou encore une de ces autos téléguidées, qui roulait à toute allure sur le plancher de ta maison. Un jour, tu

apprendras à conduire une vraie voiture. Imagine-toi au volant de la voiture de tes rêves, celle que tu aimerais avoir plus tard.

Conduire, c'est agréable. On choisit une destination, puis on prend toutes les décisions et les directions pour y arriver !

C'est aussi une tâche délicate. Cela demande beaucoup d'attention. On doit bien tenir le volant, tourner ni trop ni trop peu, accélérer juste ce qu'il faut, éviter tous les autres véhicules, respecter les règles du code de la route… On peut facilement perdre le contrôle et avoir un **ACCIDENT** !

Foncer dans des autos tamponneuses, c'est amusant. De toute façon, elles sont faites pour ça. Et provoquer des accidents avec une auto téléguidée, surtout si c'est le modèle qui peut rouler sur le mur et repartir dans l'autre sens, ça aussi, c'est amusant.

Mais dans une vraie voiture, un accident n'a rien d'amusant. Ça fait peur, c'est dangereux et ça peut avoir des conséquences graves. C'est pourquoi il faut suivre des cours avant de conduire une vraie voiture. Et l'une des principales choses qu'on apprend dans ces cours, c'est de garder la maîtrise de son véhicule.

Notre corps ressemble un peu à une auto. Il a besoin de carburant pour fonctionner. Il doit être bien entretenu et examiné régulièrement. Et puis, nous devons aussi suivre des règles de sécurité.

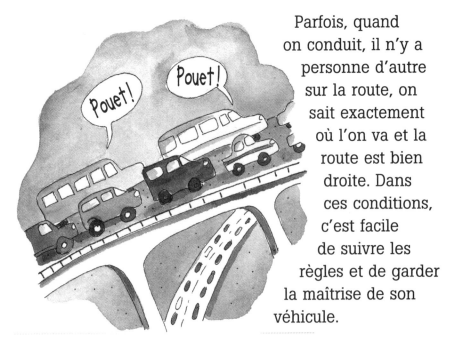

Parfois, quand on conduit, il n'y a personne d'autre sur la route, on sait exactement où l'on va et la route est bien droite. Dans ces conditions, c'est facile de suivre les règles et de garder la maîtrise de son véhicule.

Mais parfois, il y a des embouteillages, et la route est défoncée ou remplie de courbes. Parfois, on est pressé, fatigué ou perdu. Parfois, il y a du vent, du brouillard ou il fait très noir. Même avec les phares allumés, on ne voit pas bien.

Les bons conducteurs savent que, dans des conditions difficiles, même s'ils sont de mauvaise humeur, que leur téléphone sonne, que leurs enfants se disputent, et même si d'autres conducteurs les suivent de trop près ou leur coupent la route, même s'il pleut ou s'il neige, bref, quoi qu'il arrive, ils doivent toujours garder la maîtrise de leur véhicule pour éviter la catastrophe.

Tu as encore plusieurs années devant toi avant de te retrouver derrière le volant d'une vraie voiture, mais tu peux déjà apprendre à bien conduire. Tu peux déjà t'y entraîner avec toi-même.

**Dès maintenant,
tu peux être au volant de ta propre vie.**

Parfois, il est facile
d'avoir le contrôle, et c'est
même agréable. C'est toi
qui décides avec quelle
intensité tu chantes, à
quelle hauteur tu sautes,
ou bien quel livre tu
prends à la bibliothèque.
Mais parfois, tu dois suivre
des règles que tu n'as pas
du tout envie de suivre. Tu veux
quelque chose que tu ne peux pas obtenir. Ou les autres
font ou disent des choses qui te contrarient.

Malgré tout, c'est toi qui conduis. Tu n'es pas
responsable des autres. Par contre, tu es responsable
de bien te conduire et de bien te maîtriser. Et comme
le conducteur d'une vraie voiture, tes comportements et
tes décisions vont déterminer quel genre de voyage tu
feras.

Le voyage est mouvementé et plein d'imprévus? Pas
facile dans ces conditions de garder le contrôle. Peut-
être que tu es le genre d'enfant qui surchauffe quand
ça va mal. Même si tu essaies de refroidir tes ardeurs,
tu finis quand même par exploser. Eh bien, devine
quoi… Tu n'as plus à être ce genre d'enfant!

Si à présent tu souhaites apprendre à conduire ta
propre vie et à te maîtriser, même si c'est difficile, ce
livre est pour toi. Tu y découvriras comment on peut
éviter les accidents et réussir à se rendre où l'on veut.

Un secret concernant la colère

Tout le monde se met en colère de temps en temps. En fait, la colère est une émotion si commune qu'il existe de nombreux mots pour la décrire. Voici des mots qu'on utilise pour dire qu'une personne est en **colère**. Essaie d'en trouver quelques autres.

irrité

fou de rage

frustré

acariâtre

furieux

frustré

enragé

contrarié

d'humeur explosive

furibond

bouillant de **colère**

Pense à ce que tu ressens quand tu es en colère. Prends un air fâché pour t'aider à te remettre dans cette humeur et à retrouver les sensations dans tout ton corps. Ce n'est pas très agréable, n'est-ce pas ?

Maintenant, pense à toutes les fois où quelqu'un s'est mis en colère contre toi. Ça non plus, ce n'est pas très agréable. Tout compte fait, la colère apparaît plutôt comme quelque chose qu'on préférerait éviter.

La colère est une bonne chose, en réalité. C'est la façon qu'a ton corps de te faire sentir que tu n'aimes pas ce qui se passe.

Le problème, c'est que la colère peut vite devenir **énorme**.

La colère peut te faire dire des choses que tu ne penses pas réellement ou te faire faire des choses que tu ne ferais jamais autrement. Quand la colère devient si grande, ça peut empirer une situation déjà difficile et entraîner des tas de problèmes.

Qu'est-ce qui t'a mis en colère récemment? Penses-y bien. Était-ce à l'école ou à la maison? Avec ton petit frère ou avec ta grande sœur? Pense aux choses que tu désires, mais que tu ne peux pas avoir, et aux choses que les autres disent qui te rendent complètement fou. Pense à la dernière fois où tu as crié après ta mère ou ton père. Pense à toutes ces choses et fais-en une liste.

La liste des choses qui te mettent en colère est assez longue? En fait, c'est comme ça pour la plupart des enfants. Il y a tant de choses qui peuvent nous énerver.

Il y a un secret concernant la colère qui pourrait t'éviter d'exploser quand ça ne va pas comme tu veux. Quand tu le connaîtras, ta colère ne prendra plus des proportions si énormes, elle cessera de te faire peur et de te causer des ennuis. (En passant, de nombreux adultes ne connaissent pas non plus ce secret, c'est pour cela qu'ils se mettent souvent en colère eux aussi.)

Si tu es comme la majorité des enfants, tu ne vas certainement pas apprécier ce petit secret. Tu te diras : «Ce livre est stupide ! Je n'ai rien à voir avec ma colère ! C'est mon frère qui est une peste, mon professeur qui est méchant ou ma sœur qui monopolise toujours l'ordinateur.», et ainsi de suite.

Ce n'est pas une raison pour abandonner ! Prends une grande respiration. Puis va chercher un crayon. Tu es sur le point d'apprendre quelque chose de très, très intéressant, et ça pourrait même changer ta vie.

Pense à quelqu'un (mais pas toi) en train de prendre le dernier biscuit d'une assiette.

Tu te fâcherais, non ?
Qu'est-ce que tu te dirais ?

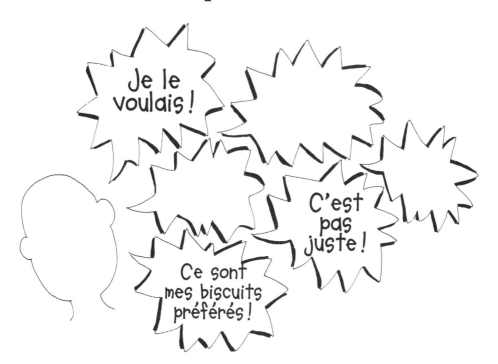

Dessine sur le visage ce que tu ressentirais.

Et si ces autres pensées te traversaient l'esprit ?

De toute façon, je n'ai même pas faim.

Papa a dit qu'il en achèterait d'autres quand il ira à l'épicerie.

Je crois qu'il y a de la crème glacée.

Dessine sur le visage les émotions ressenties.

Si c'étaient tes pensées, comment te sentirais-tu ?

Tu vois, ce n'est pas ce qui t'arrive qui te met en colère. Dans les deux cas, quelqu'un a pris le dernier biscuit. Ce sont plutôt les pensées que tu as qui te mettent soit en colère, soit de bonne humeur.

Essaie encore.

Les vacances scolaires commencent la semaine prochaine. Ton enseignante craint que la classe ne prenne du retard, alors elle décide que la liste de vocabulaire à apprendre cette semaine comportera 30 mots au lieu des 20 mots habituels.

Quelles pensées pourraient te mettre en colère ?

Trouves-en d'autres.

Très bien. Maintenant, voici exactement la même situation, mais avec des pensées différentes.

D'après toi, quelles pensées pourraient t'aider à accepter le fait d'avoir 10 mots de plus à apprendre?

Trouves-en d'autres.

Donc, ce n'est pas ce qui t'arrive qui te met en colère. C'est ce que tu penses par rapport à ce qui t'arrive qui détermine tes émotions.

Tu sais déjà que tu ne peux pas tout contrôler ce qui t'arrive. Les autres disent ou font des choses sans t'en demander la permission. Il pleut la journée où tu voulais inviter des amis à venir se baigner dans ta piscine, ou tu perds aux échecs, ou une camarade d'école n'arrête pas de te taquiner. Tu n'as **aucun** contrôle là-dessus.

Par contre, tu peux contrôler tes pensées, et du même coup, tes émotions. En changeant tes pensées, tes émotions vont aussi changer. Et si tu en as assez d'exploser chaque fois que ça ne se passe pas comme tu le veux, c'est simple : prends tes distances avec ces pensées remplies de colère qui causent des explosions.

Beaucoup d'enfants ont déjà appris à se maîtriser. Toi aussi, **tu le peux**.

Continue ta lecture et tu sauras comment.

La colère attire-t-elle les amis?

Apprendre à changer ses pensées pour maîtriser sa colère, c'est exigeant. Tu te dis peut-être «À quoi bon?»

Bonne question...

1. Ta colère t'a-t-elle déjà servi à obtenir de meilleures notes à l'école?

OUI ❏ NON ❏

2. Quelqu'un t'a-t-il déjà dit : «J'aimerais être ton ami, tu sais si bien te mettre en colère.»?

OUI ❏ NON ❏

3. As-tu déjà réussi à faire changer d'avis ton père ou ta mère en piquant une colère?

OUI ❏ NON ❏

4. T'es-tu déjà endormi le sourire aux lèvres en pensant à toutes tes colères de la journée?

OUI ❏ NON ❏

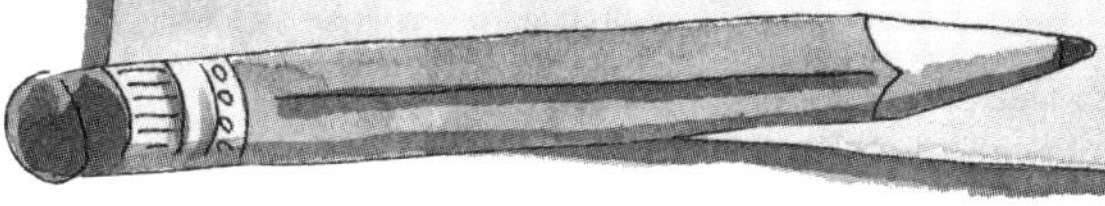

Si tu as répondu «non» à la plupart de ces questions, c'est que la colère ne t'aide pas.

Réponds maintenant aux questions suivantes :

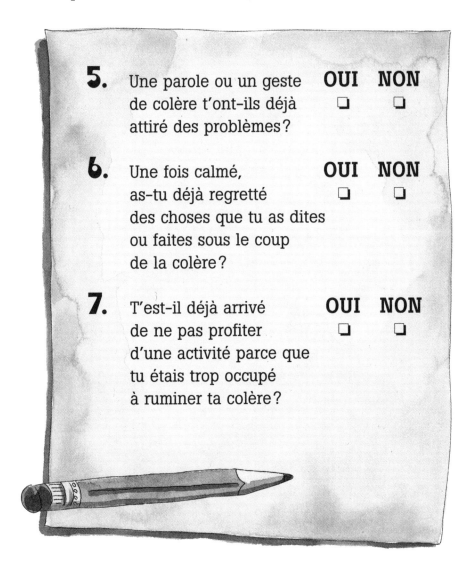

5. Une parole ou un geste   **OUI   NON**
de colère t'ont-ils déjà   ❑   ❑
attiré des problèmes?

6. Une fois calmé,   **OUI   NON**
as-tu déjà regretté   ❑   ❑
des choses que tu as dites
ou faites sous le coup
de la colère?

7. T'est-il déjà arrivé   **OUI   NON**
de ne pas profiter   ❑   ❑
d'une activité parce que
tu étais trop occupé
à ruminer ta colère?

Si tu as répondu «oui» à la plupart de ces questions, c'est que non seulement la colère ne t'aide pas du tout, mais elle empire les choses.

Être en colère, ça n'attire pas les amis et ça ne te facilite pas la vie à la maison. À vrai dire, ça te cause probablement beaucoup d'ennuis. C'est donc une bonne idée d'apprendre à maîtriser ta colère, pour que cessent enfin tous ces problèmes.

Tu dois te dire : «Si les autres arrêtaient de m'embêter, tout irait bien.» Et tu as probablement raison. Seulement, tu ne peux pas contrôler ce que font les autres.

Eh oui, ça, c'est **la mauvaise nouvelle** : tu ne peux pas contrôler ce que font les autres.

La bonne nouvelle, c'est que tu peux quand même être heureux, quoi qu'il arrive. Tu peux apprendre à contrôler tes humeurs, même si les autres t'embêtent ou te compliquent la vie. Les enfants qui savent maîtriser leur colère sont généralement plus heureux que les autres.

Au feu !

On dit souvent que la colère est comme un feu. C'est **BRÛLANT.** Ça peut se **PROPAGER** et devenir impossible à maîtriser. Ça fait mal quand on s'en approche trop. La comparaison est bonne, alors si on parlait du feu quelques instants?

Même si tu n'as jamais fait de feu, tu sais probablement comment il faut s'y prendre. Tu as besoin de morceaux de bois, disposés de manière à ce que l'air circule bien. Pour que le feu prenne, il te faut aussi des brindilles ou des feuilles de papier chiffonnées. Et bien sûr, tu as besoin de quelque chose pour allumer le feu, une allumette par exemple.

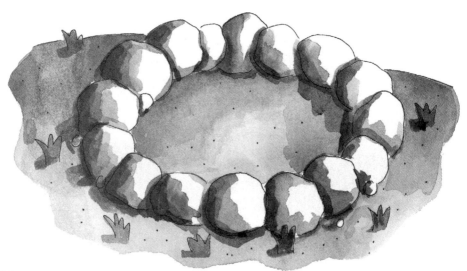

Quoi faire pour
que les flammes
montent bien
haut et qu'elles
ne s'éteignent
pas trop vite?

Si tu
ajoutes des
bûches et si
tu souffles
sur le feu, ou
si tu l'éventes
en créant une
petite brise,
ça le fera durer plus
longtemps. Quand on s'occupe
du feu en l'alimentant, on dit qu'on attise le feu.

Quoi faire si tu veux que le feu cesse?

Si tu laisses le feu sans surveillance, que tu cesses de
souffler dessus ou d'y ajouter du bois, le feu manquera
bientôt de combustible. Et s'il n'a plus rien à brûler, le
feu mourra. Si tu veux faire cesser le feu rapidement,
tu peux verser de l'eau dessus. Dans ce cas, on dit
qu'on éteint le feu. Au contact de l'eau, les flammes

s'éteignent et les bûches deviennent mouillées. Ça les empêche de brûler.

Vraiment, la colère a beaucoup de points communs avec le feu, tu ne trouves pas? Parfois, ça ne prend presque rien pour **attiser** la colère. La colère qui s'enflamme peut soit s'éteindre très vite, soit se développer et tout détruire sur son passage.

Comme tu vas le voir, le fait que la colère éclate ou s'éteigne dépend entièrement de toi.

Lorsque quelque chose de désagréable t'arrive, tu as le choix. Soit tu attises ta colère, soit tu l'éteins.

Tu sais déjà comment attiser la colère. Tu n'as qu'à accumuler des pensées négatives, et ta colère prendra des proportions gigantesques. Des gestes enragés, comme frapper ou déchirer quelque chose, la feront grandir également.

Et pour éteindre la colère? Comment peut-on bien y arriver? En fait, il y a beaucoup de façons de s'y prendre.

Chacun des quatre chapitres suivants contient une technique d'arrosage différente pour éteindre la colère.

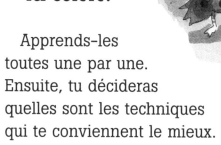

Apprends-les toutes une par une. Ensuite, tu décideras quelles sont les techniques qui te conviennent le mieux.

Technique d'arrosage n° 1 : Je prends une pause

Être en colère, c'est comme se trouver devant un aspirateur géant.

Si tu lis ce livre chez toi, va chercher l'aspirateur pour faire une expérience (demande d'abord la permission à ta mère ou à ton père). Si tu n'as pas d'aspirateur à ta disposition, continue quand même ta lecture. Ton imagination et ta connaissance des aspirateurs te suffiront à bien saisir l'expérience.

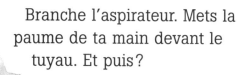

Branche l'aspirateur. Mets la paume de ta main devant le tuyau. Et puis?

C'est puissant, n'est-ce pas?

En laissant l'aspirateur fonctionner, éloigne ta main jusqu'à ce qu'elle soit à côté du tuyau. Et puis? Plus rien, c'est ça?

Maintenant, replace ta main devant le tuyau. C'est fort, hein?

Imagine que tu te trouves nez à nez avec un aspirateur géant en train de tout aspirer avec son énorme tuyau. Il ne ferait qu'une bouchée de toi, c'est certain!

Que ferais-tu alors pour ne pas te faire aspirer par cet aspirateur?

1. Trouver l'interrupteur et éteindre l'appareil.

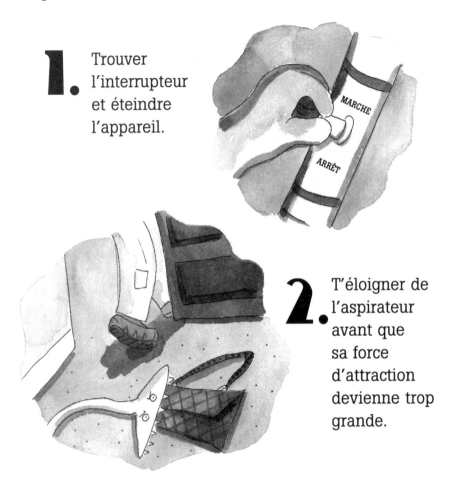

2. T'éloigner de l'aspirateur avant que sa force d'attraction devienne trop grande.

La colère ressemble à un aspirateur géant. Une fois qu'elle t'aspire, elle ne te lâche plus. D'ici la fin de ce livre, tu apprendras comment éteindre ta colère. Mais pour l'instant, parlons plutôt du deuxième choix : s'éloigner de là.

La façon de s'éloigner de la colère, c'est de prendre une pause.

Prendre une pause, ça signifie quitter le lieu de ta colère. Ça signifie décider toi-même de t'en aller pour pouvoir te calmer et retrouver tes esprits. Ce n'est pas toujours facile, mais ça aide énormément.

Pourquoi est-ce si difficile?

Repense à l'aspirateur géant. Plus tu restes devant, plus il t'aspire, et plus il t'aspire, plus c'est difficile de t'en éloigner. Ça demande beaucoup de détermination et de force pour dire «Je m'en vais!», puis pour t'écarter de son chemin. Mais quand c'est fait, tout devient plus simple. Tu t'éloignes, et instantanément, tu te libères de l'emprise de l'aspirateur.

C'est pareil pour la colère. Tu dois prendre la décision de t'en éloigner. Ça ne veut pas dire que tu abandonnes. Ça veut tout simplement dire que tu prends une pause. Il y a plusieurs façons de prendre une pause.

Tu peux aller dans ta chambre.

Tu peux faire quelques lancers.

Tu peux lire un livre.

Tu peux jouer avec ton chat ou ton chien, ou prendre un jeu de cartes.

Pense à quatre choses que tu peux faire pour prendre une pause quand une situation te contrarie.

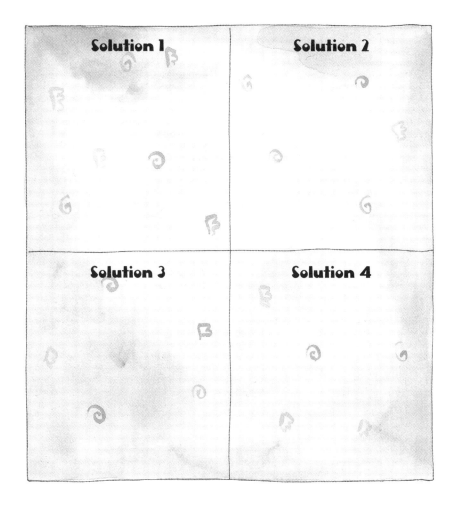

| Solution 1 | Solution 2 |
| Solution 3 | Solution 4 |

Chaque fois que tu apprends une nouvelle façon de maîtriser ta colère, ce serait important que tu la mettes en pratique le plus souvent possible. Voici donc une façon amusante de garder une trace de toutes les fois où tu auras réussi à prendre une pause.

Trouve un bout de ficelle assez long et place-le dans ta chambre, si c'est l'endroit où tu penses prendre des pauses le plus souvent. Chaque fois que tu échappes à la force d'attraction de ta colère, où tu vas dans ta chambre, et où tu y fais quelque chose d'amusant ou de relaxant pour te calmer, fais un nœud dans la corde.

Quand tu auras **dix nœuds,** montre-les à ta mère ou à ton père pour qu'ils se réjouissent avec toi. Tu auras déjà décidé à l'avance quelle sera ta récompense pour tes dix nœuds : jouer à un jeu de société avant d'aller te coucher, faire une ballade à vélo avec papa ou aller dormir chez mamie.

Écris tes idées de récompenses à côté des nœuds.

Une fois que tu auras dix nœuds, essaie d'en obtenir vingt, puis trente.

Dès que tu sens la colère monter, pense à l'aspirateur géant qui t'aspire. Ne reste pas là ! Choisis de t'en écarter et va prendre une pause.

Prendre une pause, ça t'aidera à te sentir mieux et à avoir les idées plus claires. En ayant les idées claires, tu sauras éviter les ennuis et tu trouveras plus facilement des solutions à tes problèmes. Essaie, tu verras !

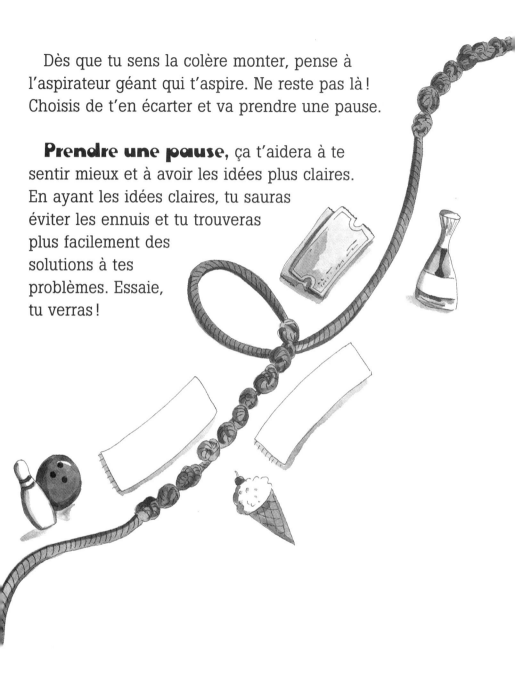

Technique d'arrosage n° 2 : Je garde la tête froide

As-tu déjà remarqué que, parfois, tu te parles à toi-même? Ça arrive à tout le monde. Il y a une petite voix à l'intérieur de nous qui commente ce que nous voyons, ce qui vient juste d'arriver ou ce qui va arriver. Cette petite voix correspond à nos pensées : elle n'est pas différente de nous, elle fait partie de nous.

Certaines personnes sont attentives à cette petite voix. Si on leur demande à quoi elles pensent, elles peuvent le dire. D'autres personnes n'en sont pas très

À quelle page sommes-nous?
Je n'en peux plus! Je veux aller jouer.
J'ai faim! Quelle heure est-il?
Je vais prendre mon vélo.

conscientes. Si on leur demande à quoi elles pensent,
elles haussent les épaules ou répondent qu'elles ne
pensaient à rien. N'empêche, le cerveau produit des
pensées sans arrêt, sans qu'on s'en rende compte.
Quand on est en colère, ce que notre cerveau produit
en premier, ce sont des pensées EXPLOSIVES. Pour
plusieurs personnes, c'est une réaction automatique.
Elles se fâchent et leurs pensées se chargent de colère
dans leur tête. Comme tu l'imagines, ces pensées
explosives permettent à la colère de se développer.
C'est comme lorsqu'on souffle sur le feu pour l'attiser.

Voici quelques exemples de pensées explosives :

Lis les situations suivantes. Quelles sont les pensées explosives qui te viennent à l'esprit?

Tu joues à ton jeu vidéo préféré et tu perds comme un vrai débutant.

Ta mère t'a servi du brocoli hier. Tu lui avais dis que tu détestais ça, mais elle t'en ressert encore aujourd'hui.

À l'école, tu as des exercices de maths à faire. Tu t'arrêtes sur un problème apparemment impossible à résoudre.

Ton ami t'avait promis de jouer avec toi à la récréation, mais au moment venu, il s'en va avec quelqu'un d'autre.

Chacune de ces pensées explosives empirera ta colère. Les pensées explosives attisent la colère, elles la font grandir.

Dans le chapitre précédent, tu as appris qu'en prenant une pause, tu pouvais réussir à te calmer.

C'est comme s'éloigner d'un petit feu. Durant ta pause, tant que tu te tiendras loin des pensées explosives, ta colère va diminuer, puis s'éteindre. À ce moment-là, tu seras en mesure d'envisager ton problème plus efficacement.

Mais tu peux faire quelque chose pour éteindre le feu plus rapidement : verser une pensée froide dessus.

Verser une pensée froide sur le feu, c'est se dire quelque chose dans sa tête pour se sentir mieux. Ça ne te dira pas quoi faire, mais ça t'aidera à garder la tête froide. Quand tu verses ces pensées froides sur les pensées explosives, ça diminue la chaleur de celles-ci.

Voici quelques exemples de pensées froides :

Les enfants tentent souvent d'ignorer leurs pensées explosives. Mais, comme tu le sais, ça ne fonctionne pas très bien. Par contre, verser une pensée froide dessus, ça, **oui, ça marche**! C'est très différent, car au lieu de faire comme si les pensées explosives n'existaient pas, tu y réagis en les éteignant.

Lis les exemples qui suivent. Écris des pensées froides dans les bulles.

Tu as raté plusieurs buts et ton équipe a perdu.

Ta mère te réprimande parce que tu te querelles avec ton frère, mais c'est lui qui a commencé.

Tu ne trouves pas ton cahier de devoirs, et le bus va arriver d'une minute à l'autre.

**En voiture,
tu meurs de soif
et tu veux arrêter
pour boire quelque
chose, mais ton
père refuse.**

Voici une particularité très intéressante des pensées froides : elles fonctionnent seulement quand tu les trouves toi-même. Si d'autres te suggèrent des pensées froides, ça n'aide pas du tout. En fait, ça peut empirer les choses. En cas de crise, tes parents ne devraient pas essayer de trouver des pensées froides à ta place. Ils pourraient te dire plutôt : «On dirait que tu as des pensées explosives. À quoi ressemblent-elles? Quelle pensée froide pourrais-tu verser dessus pour garder la tête froide?»

Quelle surprise, avoir des pensées froides, ça marche, même si tu n'y crois pas totalement. En fait, plus tu te répètes une pensée froide, plus elle fait effet!

Par exemple, tu vas visiter un aquarium avec ta classe, et on te jumelle avec quelqu'un que tu n'aimes pas beaucoup. Des pensées explosives pourraient bien te monter à la tête.

Ces pensées explosives vont-elles transformer ton partenaire comme par magie? Non!

Vont-elles t'aider à apprécier ta sortie ? Non !

Mais garder la tête froide, ça t'aiderait. Rappelle-toi ce que tu viens de lire et verse une pensée froide.

Tu devras sans doute te répéter cette phrase plusieurs fois. Et celles-là aussi : «**Garde la tête froide !**», «Respire profondément !» C'est possible que tu doives prendre une petite pause, peut-être en déplaçant ton attention vers tous ces poissons extraordinaires que tu as devant les yeux.

Tu ne peux rien faire contre les pensées explosives qui te montent soudainement à la tête. Mais tu peux décider de les faire cesser. Si tu t'en éloignes, mais surtout si tu verses une pensée bien froide dessus, tu commenceras à te sentir mieux.

Je suis déçu mais je vais survivre.

La vérité, c'est que tu vas survivre à cette sortie, malgré ce partenaire indésirable. Et non seulement tu vas survivre, mais tu en retireras même quelque chose : tu auras appris à accepter les **déceptions** et les **désagréments**. Tu seras désormais capable d'y faire face sans craindre une catastrophe. Et les situations difficiles se règlent beaucoup plus vite lorsque tu ne t'attardes pas à les empirer avec ta colère.

Technique d'arrosage n° 3 : Je me libère de ma colère

Ton cerveau et ton corps travaillent ensemble afin de veiller à ta sécurité. Quand un ballon vole vers toi ou quand un enfant te fonce dessus en patins, ton cerveau envoie tout de suite le message à ton corps de se tenir prêt à réagir. Pour te protéger, tu peux l'esquiver, t'élancer vers l'avant, ou faire n'importe quoi d'autre qui te mettra hors d'atteinte.

Le cerveau perçoit la colère comme si c'était un ballon. Attention : **DANGER !** Quand tu te mets en colère, une alarme retentit à l'intérieur de toi. Ton cœur se met à battre plus vite et tes muscles se tiennent prêts à réagir, au cas où tu devrais te défendre. Les pensées remplies de colère alimentent les réactions de ton corps, comme du bois alimente un feu. Plus tes pensées contiennent de la colère, plus la tension et les pensées explosives montent.

Pour certains enfants, la colère passe rapidement d'une simple pensée à une émotion forte. Leur respiration devient plus superficielle. Leurs muscles se tendent et sont traversés de décharges d'énergie. Ils ont alors l'impression qu'ils pourraient exploser. Les enfants qui ressentent cette colère physique pensent qu'ils doivent faire quelque chose pour libérer cette **énergie négative,** soit en donnant des coups de pied dans un objet, soit en écrasant celui-ci, soit en le mettant en pièces.

Avoir de la colère emprisonnée à l'intérieur de soi est une sensation **terrible.** Bien sûr, si l'on verse une pensée froide, ça aide un peu, mais parfois, ça ne suffit pas. Quand la colère s'est installée dans tout ton corps, tu dois la faire sortir pour que ton corps se sente mieux.

Certains enfants tentent de libérer leur colère en criant des mots comme : «Je te déteste!» Ou bien, ils ont des gestes violents.

Mais ils se rendent compte que ces façons de faire ne diminuent pas leur colère et ne la rendent pas moins terrible. En fait, ces façons de faire ne libèrent pas de la colère. Elles ne t'apporteraient rien, sauf peut-être des ennuis.

Selon certains, donner des coups de poing dans un oreiller ou «crier dans sa tête» sont des façons sûres d'exprimer la colère. Si tu as essayé ces méthodes, tu t'es rendu compte que ça ne fonctionne pas très bien. Ce sont des gestes de colère, alors quand tu les fais, ton cerveau continue de **GRONDER,** et ton corps, de produire de la colère en quantité industrielle.

Exprimer sa colère ne suffit donc pas. Tu as besoin d'une vraie façon de te libérer de la colère, sans frapper quelqu'un ou quelque chose, une façon qui t'évitera d'avoir des problèmes ou de te sentir mal par la suite.

Il existe deux techniques pour bien se libérer de la colère. La première consiste à faire bouger ton corps rapidement pour brûler toute l'énergie de colère que tu as accumulée. La deuxième consiste au contraire à ralentir ton corps pour éteindre ta colère. Voici comment faire.

Technique
pour t'activer

Tu sais déjà que la colère agit comme un carburant dans ton corps, et que pour t'en débarrasser, tu dois la brûler. Une façon des meilleures façons de brûler l'énergie de la colère, c'est par l'activité physique intense. Enfourche ton vélo et roule à toute vitesse

autour du pâté de maisons. Fais des sauts à la corde. Va promener ton chien en courant. Mets de la musique et danse !

Cette technique fonctionne bien quand tu te concentres uniquement sur l'activité, ou sur quelque chose qui n'a aucun lien avec les raisons de ta colère. Alors, compte dans ta tête, ou imagine que tu pars à l'aventure avec ton superhéros préféré, ou chante (bien fort !), ou parle sans arrêt.

Rappelle-toi que cette technique n'est pas la même que celle qui consiste à prendre une pause. Prendre une pause tranquillement en jouant à un jeu vidéo ou en lisant un livre ne te sera pas d'une grande aide si ta colère a déjà envahi tout ton corps. Pour te libérer de la colère, tu dois essayer d'accélérer les battements de ton cœur, de faire travailler tes muscles et de suer un bon coup. Choisis une activité qui te prendra au moins dix minutes. L'activité physique, surtout si elle est amusante, te débarrassera de l'**énergie de colère**. Une fois cette énergie brûlée, tu te sentiras beaucoup mieux.

Ce serait utile que tu penses aux activités physiques que tu pourrais faire dans les différents endroits où ta colère pourrait devenir un problème. Ton enseignant te donnerait-il la permission de monter et de descendre l'escalier de l'école en courant? Tes parents te permettraient-ils d'utiliser leur vélo stationnaire? Y a-t-il un parcours que tu peux emprunter pour courir autour de la maison?

Techniques pour te calmer

Quand l'énergie s'emballe dans ton corps, tu peux faire une activité physique pour la brûler ou tu peux faire quelque chose de tranquille pour la ralentir et l'éteindre. Les méthodes qui suivent ont été conçues pour que tu puisses **relaxer** en toute tranquillité n'importe où et n'importe quand.

La respiration est au cœur de chacune de ces méthodes. Respirer profondément contribue à **ralentir** ton rythme cardiaque. Rien de tel pour te sentir bien ! Voyons ce qu'il faut savoir sur la respiration.

Tout le monde sait **respirer.** Tu le fais constamment, sans même y penser. Mais il existe de nombreuses façons de respirer. Tu peux inspirer par le nez ou par la bouche. Tu peux aussi expirer par le nez ou par la bouche. Ta respiration sera superficielle et haletante si tu respires dans le haut de ta poitrine, mais elle sera profonde si tu remplis complètement tes poumons. Fais-en l'expérience.

Pour ralentir ton corps, la meilleure façon consiste à fermer ta bouche et à prendre une grande inspiration par le nez, comme si tu entrais dans une boulangerie et que tu humais l'odeur des croissants tout juste sortis du four. En inspirant, compte jusqu'à trois dans ta tête.

Pour expirer, ferme ta bouche et laisse l'air ressortir par tes narines. Si tu as l'habitude de respirer par la bouche, ça peut paraître un peu difficile. Essaie quelques fois pour t'y habituer. En expirant, compte jusqu'à quatre dans ta tête. Ainsi, l'expiration sera un peu plus longue que l'inspiration.

Après chaque respiration, fais une petite pause, puis enchaîne avec la prochaine. **Inspire 1, 2, 3, 4, et expire 1, 2, 3, 4, toujours par le nez.** Tu peux ouvrir un peu ta bouche pour laisser sortir plus d'air. Mais n'oublie pas de la refermer pour l'inspiration.

Certains enfants aiment imaginer quelque chose pendant qu'ils inspirent et qu'ils expirent. Avec chaque inspiration, imagine que tu humes ton odeur préférée. Inspire _____ (ton odeur préférée) et expire toutes les bouffées de colère qui t'habitent. Imagine la colère quitter ton corps à mesure que ton odeur préférée te remplit les narines.

D'autres enfants aiment compter. En ne pensant qu'aux chiffres, ils se vident complètement l'esprit de leur colère et se concentrent sur le décompte de leurs inspirations et de leurs expirations.

Les deux façons sont bonnes. L'important, c'est d'abandonner ce qui te met en colère et de respirer, respirer, respirer...

Une autre technique pour te calmer mettra à contribution tout ton corps. Essaie les trois exercices suivants, puis décide lequel te convient le mieux.

1. S'étirer

Étire les bras au-dessus de ta tête. Essaie de toucher le plafond avec le bout de tes doigts, le plus haut possible. **Inspire 1, 2, 3 et expire 1, 2, 3, 4.**

Pose les mains sur tes épaules en gardant les coudes vers l'extérieur, comme pour former un T. Inspire en tournant lentement d'un côté. Expire en tournant de l'autre côté. Continue le mouvement : chaque rotation te procurera un étirement en douceur. **Inspire 1, 2, 3 et expire 1, 2, 3, 4...**

Joins tes mains derrière ton dos. Penche-toi vers l'avant et monte les bras, derrière toi, en les étirant doucement vers le plafond. Dans cette position, **inspire 1, 2, 3 et expire 1, 2, 3, 4** deux fois de suite.

Redresse-toi et laisse retomber tes bras le long de ton corps. Roule doucement la tête d'un côté puis de l'autre. Continue à respirer.

2. Serrer

Prends un oreiller, puis remplis tes poumons d'air
(par le nez, n'oublie pas !).

En inspirant, serre l'oreiller contre toi aussi fort que tu
le peux. Même si l'oreiller est petit, utilise tout ton corps
pour le serrer. Serre les bras autour de l'oreiller, fais
une grosse grimace, tends les muscles de tes jambes.
Maintiens tout ton corps comme un étau géant pendant
que tu comptes **1, 2, 3** dans ta tête.

Ensuite, arrête de serrer l'oreiller et relâche tout ton
corps en comptant **1, 2, 3, 4.**

Prends un instant pour relaxer : inspire profondément
1, 2, 3 et expire lentement **1, 2, 3, 4.**

Puis, inspire et serre l'oreiller de nouveau.

Fais cet exercice cinq fois de suite : serre et maintiens
en inspirant, relâche en expirant, inspire et expire une
fois sans serrer, puis recommence.

3. Taper

Croise les bras sur ta poitrine.

Tape sur ton épaule droite avec ta main gauche, puis sur ton épaule gauche avec ta main droite. Compte chaque tape dans ta tête.

Respire lentement, mais sans compter tes respirations. Concentre-toi plutôt sur les tapes.

Continue : droite, gauche, droite, gauche, droite, gauche. Tape d'un côté puis de l'autre, encore et encore, jusqu'à **100**.

Laisse tes bras croisés et prends deux respirations, lentes et relaxantes, en inspirant et en expirant par le nez.
Inspire **1, 2, 3...** expire **1, 2, 3, 4...** pause.
Inspire **1, 2, 3...** expire **1, 2, 3, 4...** pause.

TAP TAP TAP TAP TAP

Enfin, recommence à taper. Tape encore jusqu'à **100**.

Les techniques pour te **calmer** fonctionneront mieux si tu t'y es déjà entraîné avant même d'être en colère. La semaine prochaine, répète ta technique préférée pendant cinq ou dix minutes tous les jours. Choisis un temps libre où tu n'es pas en colère.

La semaine suivante, fais une activité physique intense pendant dix minutes pour accélérer les battements de ton cœur, puis essaie ta technique préférée pour te calmer. De cette façon, tu apprendras à ralentir ton cœur et à calmer ton corps. Tu n'auras qu'à faire exactement la même chose lorsque tu seras en colère.

Tu trouveras peut-être ça ennuyeux de répéter ces techniques. Certains enfants essaient de sauter cette étape. Mais les techniques ne fonctionnent pas aussi bien si on ne les a pas déjà mises en pratique. Peut-être que tu peux demander à un de tes parents de venir s'entraîner avec toi (ton père et ta mère ont besoin d'apprendre à se calmer eux aussi!). Et ensuite, vous pourriez faire quelque chose d'amusant ensemble.

Après deux semaines d'entraînement, tu pourras utiliser une des techniques pour te calmer quand tu seras réellement en colère, et tu verras que ça aide à se sentir plus calme, plus paisible intérieurement.

Quelle technique as-tu choisi de répéter pour les deux prochaines semaines?

Technique préférée : _____

Durant la deuxième semaine, n'oublie pas de faire une activité physique qui accélérera ton rythme cardiaque juste avant la technique pour te calmer.

Technique d'arrosage n° 4 : Je résous le problème

Quand tu es en colère, c'est comme si la porte menant à la partie de ton cerveau qui réfléchit se fermait brutalement sous ton nez. Tout ce que tu peux voir ou ressentir alors, c'est de la **COLÈRE**. La partie de toi qui sait être raisonnable et résoudre des problèmes est enfermée derrière cette porte. C'est pourquoi les

PENSÉES

Je garde la tête froide.

Je respire.

Je prends une pause.

Je m'étire.

PAROLES

Je te déteste !

Tu es méchante

C'est stupide !

techniques pour activer et ralentir ton corps sont si importantes. En libérant ta colère, elles remettront ton corps en bon état et rouvriront la porte menant à la partie de ton cerveau qui réfléchit. Tu seras alors en mesure de t'occuper de ton problème.

Une fois que tu auras à nouveau les idées **claires,** tu constateras que devant un problème, tu as toujours deux possibilités : tu peux soit le **régler,** soit **passer** à **autre chose.** Dès que la porte menant à la partie de ton cerveau qui réfléchit s'ouvrira toute grande, tu pourras utiliser tes connaissances actuelles et les habiletés que tu es sur le point de développer pour surmonter à peu près n'importe quel problème.

Je résous le problème

Résoudre un problème, c'est l'aborder de front. C'est-à-dire décider de faire quelque chose pour améliorer la situation.

Pour résoudre un problème, tu dois être en mesure de **l'affirmer,** en disant ce que tu as à dire calmement et clairement. C'est inutile de crier. Ça ne sert jamais à rien. Mais parler, c'est différent, surtout si tu prends un ton normal. Donc, la première étape consiste à te demander : «C'est quoi le problème?» C'est facile. En général, la plupart des enfants savent exactement quel est le problème.

Voici quelques exemples :

Tu veux regarder une émission spéciale à la télé, mais c'est après ton heure de coucher.

Je veux vraiment l'écouter !

Tu veux faire
du vélo,
mais ton ami
préfère
jouer au ballon.

Tu veux essayer
la voiture
télécommandée
de ton frère,
mais il refuse
de te la prêter.

Tu essaies de
faire ton devoir
de grammaire,
mais tu
n'arrives pas
à comprendre
ce qu'est un
adverbe.

L'étape suivante consiste à savoir ce que tu veux. Là, ça se complique un peu. Car ce que tu veux et ce qui est vraiment possible d'obtenir sont parfois deux choses différentes.

C'est là que la **flexibilité** entre en jeu. Être flexible, c'est être capable d'accepter quelque chose d'un peu différent de ce qu'on voulait au départ. C'est une façon de réfléchir qui demande de la créativité, plutôt que de l'entêtement. Une fois que tu sauras comment t'y prendre, tu verras comme ça fait du bien !

Voici quelques exemples de situations contrariantes, où ce que tu veux diffère de ce que tu peux obtenir. Essaie de trouver une solution flexible pour chacun des exemples.

Tu aimerais jouer au soccer à la récréation, mais personne n'a pensé à apporter le ballon.

Solution flexible : _____

_____

Tu voudrais manger
des croquettes
de poulet, mais
ta famille décide
d'aller au restaurant
chinois.

Solution flexible : _____

_____

Tu es en train
de te surpasser
à un jeu vidéo,
mais c'est au
tour de ta sœur
de jouer.

Solution flexible : _____

_____

Maintenant que ta pensée est flexible, retourne aux
trois problèmes et essaie d'ajouter deux autres solutions
pour chacun d'eux. Réfléchir à un grand nombre de
solutions pour un même problème, ça s'appelle faire un
remue-méninges.

Parfois, les autres aiment bien les **solutions** que tu apportes, dans ce cas, c'est facile de s'entendre. Mais parfois, les autres ne veulent pas la même chose que toi. Quand ça arrive, c'est le temps de faire des compromis.

Dans un compromis, on obtient une partie de ce qu'on veut, ou quelque chose s'en approchant, mais pas exactement ce qu'on veut. Chacun donne un peu et reçoit un peu, dans le but d'arriver à une solution satisfaisante pour tout le monde. Un **compromis,** même s'il n'est pas idéal, est souvent le mieux que tu puisses obtenir. En tout cas, c'est mieux que de ne pas résoudre du tout le problème.

Essaie de trouver un compromis pour régler chacun des problèmes suivants.

Tu meurs de faim, mais la règle, chez toi, c'est de ne rien grignoter juste avant les repas.

Compromis : _____

_____

**Tu veux aller
faire du patin
à roulettes,
mais ton ami
aimerait plutôt
regarder la télé.**

Compromis : _____

**Tu aimerais jouer
dehors, mais
ta mère dit que
c'est l'heure
des devoirs.**

Compromis : _____

Souviens-toi que, dans un compromis, on n'obtient pas exactement ce qu'on veut, mais on en obtient une partie.

Quand ta pensée est **flexible** et que tu réfléchis à des compromis, les problèmes se règlent sans créer de catastrophe. C'est agréable de régler un problème de cette façon. Tes proches seront de meilleure humeur avec toi, et tu seras de meilleure humeur toi aussi.

Passer à autre chose

Passer à autre chose, c'est décider de ne plus penser à un problème, c'est renoncer à s'y attaquer, même s'il n'est pas réglé. Ça signifie hausser les épaules et **penser à autre chose,** sans se plaindre, sans ronchonner, sans garder de rancune.

Par exemple, imagine une course. Il reste dix minutes avant la fin de la récréation, l'air est frais et tu as envie de bouger. Tous tes amis sont là. Vous décidez de faire la course. Tu cours comme un lièvre, tu tends les bras et là, tu touches la ligne d'arrivée. Sauf que les autres se demandent si tu as bien posé ton pied sur la ligne avant celui de ton ami, ou si tes bras tendus donnaient plutôt l'impression que tu étais arrivé le premier. Dois-tu vraiment arrêter de jouer pour régler ça?

Probablement pas. Ce serait mieux de continuer de courir avec tes amis et de t'amuser. Parfois, le mieux à faire, c'est d'accepter ce qui vient d'arriver et de passer à autre chose.

Décider de passer à autre chose, c'est abandonner complètement un problème – ne pas exploser, ne pas grogner, ne pas avoir de rancune, ne pas ruminer dans son coin et ne pas en discuter. Ça signifie n'être ni pour ni contre. Dans certaines situations, c'est ce qu'il y a de plus **intelligent** et de plus **efficace** à faire : comme ça, tu ne perds ni ton temps ni ton énergie pour quelque chose qui n'en vaut pas la peine.

Voici certaines choses que tu pourrais te dire pour te rappeler que tu ne peux pas te battre pour tout. Essaie d'en trouver d'autres.

Hausser les épaules devant un problème, ça fait parfois du bien. Essaie, tu verras !

C'est à toi de décider quand tu veux régler un problème ou quand tu préfères passer à autre chose. La plupart du temps, les deux fonctionnent.

Arrête-toi sur les problèmes suivants. Lesquels d'entre eux voudrais-tu trouver une solution en parlant avec les personnes impliquées? Lesquels préférerais-tu ignorer pour passer à autre chose? Encercle les mots qui résument ta décision. Discute de tes réponses avec la personne qui lit ce livre avec toi.

Tu fais la queue devant une fontaine, et quelqu'un vient se mettre devant toi.

- **Résous le problème.**

- **Passe à autre chose.**

Ton amie t'a promis qu'elle irait se balancer avec toi à la récréation, mais elle est en train de jouer au ballon.

- **Résous le problème.**

- **Passe à autre chose.**

Ta mère vient de rentrer et elle te dispute pour quelque chose que tu n'as même pas fait.

- Résous le problème.

- Passe à autre chose.

Ton meilleur ami t'annonce qu'il ne pourra pas venir à ta fête d'anniversaire.

- Résous le problème.

- Passe à autre chose.

Tu es en train de faire quelque chose, et ton père t'appelle du jardin pour que tu viennes l'aider à ratisser les feuilles mortes.

- Résous le problème.   - Passe à autre chose.

Ton frère te lance des insultes pour te faire fâcher.

- Résous le problème.

- Passe à autre chose.

À mesure que tu sauras mieux résoudre tes problèmes ou passer à autre chose, tu verras, tu ne te mettras plus en colère aussi souvent qu'auparavant. Les explosions de colère qui te causaient tant d'ennuis se feront rares : tu réaliseras que tu es capable de surmonter les problèmes qui se présentent à toi. Au lieu de penser «C'est pas juste !» ou «Elle l'a fait exprès !», tu garderas la **tête froide** et tu penseras à des choses de plus en plus utiles.

Prends un peu de temps chaque jour pour parler à ta mère ou à ton père des problèmes que tu as réussi à surmonter.

● **Comment as-tu fait pour garder la tête froide?**

● **Comment as-tu résolu le problème?**

● **Qu'est-ce qui t'a fait passer à autre chose?**

● **Qu'as-tu ressenti après coup?**

Voir venir les étincelles

Depuis que tu mets en pratique les quatre techniques d'arrosage, tu t'es probablement rendu compte que ta colère n'éclate plus aussi vite ni aussi fort qu'avant. Ça fait du bien, n'est-ce pas?

Par contre, ça ne veut pas dire que tu ne te mets plus en colère. Tout le monde pique une colère de temps en temps. Il suffit d'une étincelle...

Une étincelle, c'est quelque chose qui déclenche une **réaction.** Par exemple, se faire chatouiller déclenche un fou rire, ou respirer du pollen déclenche un éternuement. De la même façon, certaines étincelles peuvent aussi déclencher des pensées explosives et des sentiments de colère.

Voici une liste d'étincelles de colère dressée par d'autres enfants. Coche les énoncés qui sont aussi des étincelles pour toi. Ajoutes-en d'autres qui déclenchent ta colère ; les émotions ou les situations qui te donnent envie de **hurler**.

Étincelles de colère

☐ Les moqueries

☐ Les devoirs

☐ Les bruits agaçants

☐ Quand il faut se presser

☐ Perdre au jeu

☐ Se faire réveiller

_____   _____

_____   _____

_____   _____

_____   _____

Ça aide de connaître ses propres étincelles de colère, car on peut faire en sorte que certaines ne prennent pas feu trop souvent.

Par exemple, si le fait de devoir interrompre quelque chose avant d'avoir fini représente pour toi une étincelle, demande à tes parents de t'avertir dix minutes plus tôt à l'avenir. Comme ça, tu n'auras plus à t'interrompre aussi souvent. Même si ça reste pour toi une étincelle, tu auras au moins fait quelque chose pour que ça arrive moins fréquemment.

Choisis une de tes étincelles de colère et demande-toi :

● **Qu'est-ce qui déclenche ma colère exactement ?**
● **Que puis-je faire pour que ça arrive moins souvent ?**

Par exemple :
L'étincelle : Je suis trop fatigué.
Le plan : Aller au lit plus tôt.

Écris ton étincelle.

Mais on ne peut pas prévenir toutes les étincelles, surtout celles qu'on ne contrôle pas, comme quand on se fait taquiner ou quand on perd à un jeu. Pour résister à ce genre d'étincelles et rester calme, c'est une bonne idée de garder la tête froide.

Par exemple :
L'étincelle : Quand mon frère me traite de bébé.
Je garde la tête froide : Il essaie de m'embêter. Je vais rester calme.

Choisis une des étincelles que tu ne peux pas éviter.

Écris ton étincelle.

L'étincelle	Je garde la tête froide

Quand tu es en colère, utilise une des **techniques d'arrosage.** Puis, quand tu t'es calmé, trouve ce qui a déclenché ta colère. Si tu te rends compte que c'est toujours la même étincelle, essaie de faire des plans pour l'éviter et, si tu ne peux pas l'éviter, pour te maîtriser quand ça arrive.

Laisse tomber...

Tu as sans doute remarqué que certaines étincelles sont **imprévisibles.** Par exemple, tu es malade le jour de l'anniversaire de ta meilleure amie, ou une invitation au cinéma tombe en même temps que ton cours de karaté. Parfois, des choses frustrantes arrivent, et ce n'est la faute de personne.

Mais d'autres fois, c'est clairement la faute de quelqu'un. Ton professeur a donné beaucoup de devoirs le jour où tes grands-parents viennent te voir. Ou ta mère n'a pas encore fait la lessive, et le tee-shirt que tu voulais porter est sale.

Chaque fois que quelqu'un provoque une étincelle, arrête-toi pour te demander s'il l'a **fait exprès** pour te contrarier. Si ta mère n'a pas fait la lessive, était-ce pour t'empêcher de porter ton tee-shirt? Ton professeur a-t-il donné plus de devoirs juste pour que tu ne puisses pas profiter de la visite de tes grands-parents? Était-ce pour te mettre en colère? Bien souvent, la réponse sera «non».

Quand quelqu'un déclenche une de tes étincelles, mais sans vouloir te faire de la peine, surtout garde la tête froide, puis résous le problème, ou passe à autre chose.

Mais si quelqu'un déclenche volontairement l'une de tes étincelles, là, c'est une autre histoire. Et ça arrive parfois. Quelqu'un fait quelque chose méchamment, juste pour te contrarier et te **mettre en colère.**

Par exemple, tu détestes te faire taquiner, et il y a une personne – peut-être ton frère ou un de tes camarades de classe – qui adore te taquiner. Ou tu détestes décevoir ton enseignant, et un élève de ta classe va te dénoncer en disant que tu n'as pas aidé à ranger le matériel au cours de gym.

Lorsqu'on déclenche une de tes étincelles de colère, surtout si c'est volontaire, tu as peut-être envie de te **venger.** C'est tentant de se venger des gens qui nous

blessent. Même si la vengeance semble arranger les choses, en fait, elle alimente la colère.

On est méchant avec toi, alors tu fais pareil, et hop! ça recommence. On est méchant avec toi, tu es méchant en retour. Un peu comme si tu jouais au ballon. Tu lances, tu attrapes, et ainsi de suite... Seulement, il s'agit d'un ballon spécial, remplis de piquants. Chaque fois que tu le lances ou que tu l'attrapes, ça te fait mal!

Mais **réfléchis** bien. Quand on te lance un ballon, tu as le choix! Tu peux l'attraper et le relancer, ou tu peux décider de ne plus jouer.

Si tu décides de ne plus jouer, tu peux laisser le ballon retomber sur le sol. De toute façon, c'est nul comme jeu et tu as mieux à faire.

Alors, lorsqu'on est méchant avec toi, au lieu d'attraper les méchancetés, imagine un ballon rempli de piquants qui se dirige à toute allure vers toi et qui vient s'écraser à tes pieds. Et plof!

Tu n'es pas obligé de laisser ce ballon t'atteindre, ni même de le ramasser. Laisse-le par terre. Ce n'est pas ton problème.

Garde la tête froide et va-t'en.

Voici comment ça pourrait se passer. Disons que tu fais des bêtises avec tes camarades à la cafétéria. Quelqu'un a de la moutarde sur ses doigts et les essuie sur la table. Il te reste du ketchup dans ton assiette, et tu décides d'ajouter un peu de rouge. Ce n'est pas une si grosse bêtise, et d'ailleurs tu t'apprêtes déjà à tout essuyer, mais un enfant part te dénoncer. Et la surveillante arrive sur-le-champ.

Tu te rappelles ce que tu as appris dans ce livre et la première chose que tu fais, c'est de garder la tête froide. Tu te dis : «**Je garde mon calme.**» Tu te rends compte que tu dois résoudre ce problème, alors tu t'excuses et tu essuies la table. Une fois que tu as tout nettoyé, la surveillante te demande de rester assis pendant cinq autres minutes. Le temps de te rendre dehors, tu as manqué la moitié de la récréation, mais tu aperçois tes amis qui jouent au ballon et tu cours les rejoindre. Celui qui t'a dénoncé joue, lui aussi.

Vas-tu lancer le ballon de toutes tes forces sur lui et prétendre ensuite que c'était un accident? Vas-tu le priver du ballon pour l'empêcher de s'amuser? Vas-tu le traiter de mouchard? Vas-tu te moquer de sa façon de lancer?

Toutes ces idées de vengeance ne sont pas des exemples à suivre. Dans cette situation, la meilleure chose à faire, c'est de penser à jouer et à t'amuser. **Dépense-toi!** Dis-toi que ce qui est arrivé à la cafétéria, c'est fini. Et si c'est trop pénible pour toi de jouer avec ce garçon, va jouer à autre chose.

Décider de ne pas te venger, ça te donne beaucoup de **pouvoir.** Tes camarades qui trouvaient ça rigolo de te voir te mettre en colère n'ont plus de pouvoir sur toi, et les situations qui te faisaient bouillir de colère, encore moins.

Au lieu de ça, tu es derrière le volant de ta propre vie, tu t'éloignes calmement des contrariétés, tu admires le paysage et tu vas où tu veux.

Petite mèche deviendra grande

Avant, quand ta colère éclatait en un rien de temps, on aurait pu dire que tu avais «la mèche courte», autrement dit, que tu explosais pour un rien. C'est comme la dynamite que tu vois dans les dessins animés. Parfois, il n'y a qu'un petit bout de corde attaché à la dynamite, et... **BOUM !**

Mais parfois, dans les dessins animés, la dynamite a une longue, longue mèche, qui contourne les rochers, les lacs, les cavernes et toutes sortes d'autres choses. Et la mèche s'allonge, s'allonge... et elle doit brûler de bout en bout avant que ça explose. Le personnage

principal a alors tout son temps pour empêcher l'explosion en faisant un tas de trucs amusants, par exemple en posant des obstacles délirants tout le long du parcours de la mèche.

Les personnes qui ont la «**mèche courte**» explosent très vite. Mais celles avec une mèche longue ont le temps de penser et de respirer avant de décider quoi faire. Avoir une mèche longue, ça permet de s'occuper de sa colère avant qu'elle ne devienne trop difficile à maîtriser : on peut éteindre l'étincelle avant que tout explose.

Les techniques que tu as apprises dans ce livre t'ont donné une mèche plus longue. Prendre une pause, garder la tête froide, libérer la colère de façon sûre et

résoudre les problèmes allongent la mèche : l'explosion est retardée, ou même évitée.

Il y a au moins **QUATRE AUTRES CHOSES** que tu peux faire pour allonger ta mèche un peu plus chaque jour. Ce sont toutes des choses amusantes et bonnes pour la santé.

Premièrement, faire suffisamment d'exercice est un très bon moyen d'allonger ta mèche. Ça libère les tensions et ça brûle les émotions négatives qui s'accumulent dans ton corps. Si tu te dépenses beaucoup ou si tu joues pendant au moins trente minutes tous les jours, ton corps se mettra à produire une énergie qui te donnera du tonus. Ça t'aidera à faire face aux problèmes que tu rencontreras et en plus, c'est agréable !

⬤ **Nomme deux activités physiques que tu peux faire chaque jour.**

Deuxièmement, bien manger allongera aussi ta mèche. Cela revient à mettre le bon carburant dans une voiture : le moteur fonctionne mieux. Et quand toi, tu fonctionnes bien, alors tu es assez en forme pour surmonter les obstacles qui se trouvent sur ta route.

● **Nomme trois aliments assez nourrissants pour faire le plein.**

Troisièmement, bien dormir te donnera encore plus de mèche. Quand tu as assez dormi, c'est plus facile de rester calme et de faire face aux contrariétés. Les enfants ont besoin de neuf à onze heures de sommeil chaque jour.

● **Indique l'heure à laquelle tu te couches les jours d'école...**

● **... et l'heure à laquelle tu te lèves.**

● **Combien d'heures cela fait-il ?**

Quatrièmement, avoir du temps libre et faire des choses amusantes te procurera une mèche encore plus longue. Relaxer et profiter de la vie aide à affronter les obstacles qui se dressent sur le chemin, c'est-à-dire les choses frustrantes, décevantes et injustes qui arrivent quelquefois.

Adieu, colère !

Tu es en train de devenir un as dans l'art de contenir ta colère. Et si tu as mis en pratique tout ce que tu as appris, alors tu passes sûrement déjà beaucoup de temps derrière le volant de ta propre vie.

Tu es capable de rester sur la route même si ça ne se passe pas comme tu le veux. Tu sais comment contourner les problèmes ou comment les régler. Et tu ne perds pas le contrôle, même si les conditions sont difficiles.

Bravo !

Ça t'intéressera peut-être de savoir que les techniques d'arrosage que tu as apprises ne concernent pas que les enfants. Les adultes dont tu admires le calme, le sens de l'humour et la gentillesse utilisent exactement les mêmes méthodes pour ne pas exploser quand ça va mal.

Tu pourras donc t'aider de ces techniques durant toute ta vie pour devenir un adulte que les enfants admireront, un adulte calme, drôle et gentil. Tu n'auras qu'à te rappeler les techniques d'arrosage.

Techniques d'arrosage

- Je prends une pause.
- Je garde la tête froide.
- Je libère la colère de façon sûre.
- Je résous les problèmes ou je passe à autre chose.

Ça fait du bien de garder la maîtrise de soi. Quand tu te contrôles, c'est plus facile d'aller où tu veux et d'admirer le paysage le long de la route.

Et de plus, tu vas te sentir si bien !

Dans la même collection

Champion pour maîtriser ses peurs

Texte : Dawn Huebner, psychologue clinicienne

Dès 6 ans
ISBN : 978-2-92334-781-3
15,24 cm x 22,86 cm
Couverture souple
96 pages, 12,95 $

Approuvé par l'Association américaine de psychologie

Champion delaconcentration

Texte : Kathleen G. Nadeau et Ellen B. Dixon, psychologues cliniciennes

Dès 6 ans
ISBN : 978-2-92334-754-7
15,24 cm x 22,86 cm
Couverture souple
96 pages , 14,95 $

Approuvé par l'Association américaine de psychologie

Éditions Enfants Québec